HYBRIDE ROMANCE

Personnages :

Le conteur

Le poète

La poétesse

Tableau 1

Scène1
(Danse, expression corporelle, gestuelle, mime du feu...)

Le conteur : l'entendez-vous cette musique inaudible
C'est le chant de la poésie
Le lyrisme qui s'évade de notre être
Et s'en va révéler aux incontinents
Les sensations immaculées...
La poésie est un doux voyage
Un voyage mirifique dans un monde féerique
C'est le battement furtif d'un oiseau
C'est la caresse matinale d'un rossignol
C'est le frémissement léger d'un blizzard
A l'aurore des rencontres
La poésie est un doux message
Un message magique dans un univers fantastique
Ecoutez ! Laissez danser vos sensations
Laissez émouvoir vos aperceptions
Venez avec moi...
Découvrir l'univers poétique
Suivez-moi comme le vent en folie
Les noces arrivent
Et l'amour nous interpelle
Suivez- moi dans cette longue balade en ballade
Dans ce métissage culturel
Quand le noir fait corps au blanc
Il y a des mots qui sonnent aussi forts que l'amour
Des mots comme la brise du soir
Qui nous susurre à l'oreille
Qui nous invite à flirter avec les angelots marins
Quand s'en vient l'instant d'enchantement
Là près de ce rocher de vie où coule l'espérance
Il va rencontrer sa félicité...

Scène 2

(Une jeune fille entre sur la scène le visage meurtri, les yeux pleins de désolation…elle s'assoit sur un banc public et sanglote à cœur découvert. De l'autre côté de la scène entre un jeune homme, préoccupé par les pleurs de la péronnelle, il vient vers elle et s'interroge sur son état d'âme.)

Le poète : Bonjour !
(La jeune fille ne réagit pas mais arrête de pleurer…puis se ressaisit et répond timidement)

La poétesse : Bonjour !
(Il lui tend un mouchoir pour assécher ses larmes)
Merci !

Le poète : je suis Ntsila, poète de la vie et de l'amour, je viens d'Afrique, je voyage à travers l'existence à la recherche de mon âme sœur. Et toi admirable fille, comment t'appelles-tu ?

La poétesse : Aurore, je suis un cœur meurtri, je pleure l'amour et je suis à la recherche de mes parents disparus depuis plusieurs années. Je n'avais que quatre ans. Et depuis, larmes et tristesse défilent dans mon regard endeuillé. Chaque soir, lorsque le soleil à l'horizon, descend, mon cœur triste, mes pensées de rêveuse me font revoir la campagne où j'ai passé mon enfance.

Le poète : que de mélancolie sur ton visage
Comme cette nostalgie de mon village
Tant d'amour
Au couleur du jour
Tes larmes en tresse
Ont le parfum de ma jeunesse
Belle blanche, aux yeux de perles ambrées, déesse de l'enchantement et de l'illusion mystique
Ta voix est semblable au rugissement d'une lionne éprise
Ta race ne m'est pas inconnue mais la couronne de ta beauté resplendit comme neuf soleils. Qui es-tu ?

La poétesse : beau nègre à la peau sensuelle et sauvage
Ton haleine est chaude comme le baiser d'un dieu
Prends-moi dans tes bras, je consumerai d'amour pour toi à jamais
Il n'y a pas de frontière entre nos cultures

Le poète : tu es ma civilisation, je suis ton histoire

La poétesse : offre-moi ton identité et je t'offrirai le patrimoine de mon corps
Parle- moi de ta culture de ton origine...

Le poète : écoute !

(Un air de cithare s'évade et la scène se baigne de musicalité)

C'est l'hymne de ma cithare, le chant de mon art...
Belle saison qui rappelle mon enfance
Ma terre, ma mère, mon éther
Je suis né là-bas, dans un kraal de terre en toiture de paille
Où pleurent les enfants de la misère...
En suivant droit devant le littoral tu parviens aux îles
Tu arrives dans la lagune où j'ai bu ma première gorgée d'eau.
Mais de la terre où l'on s'est attaché berceau de tant d'amour
Dans le cœur de l'homme la nostalgie ne finit pas.
Nandipo, ô Nandipo ! Quand te reverrai-je ?

(Un fond musical envahit l'atmosphère entachée de brume épaisse)

La poétesse : Comme elle est belle cette musique ! Douce et nostalgique...

Le poète : Mon village, ma case
Case de terre, case d'écorce, case d'héritage
Ils ont spolié le trône de ma civilisation et ont construit près de l'arbre à palabre
Un édifice symbolisant le modernisme
Oye! Sur les pas blancs aux cendres noires, les peuples basanés ont eu leur liberté
Et ils marchent vers la frontière de la honte.

La poétesse : viens je t'enlève de ton monde mélancolique
Je t'emmène dans mon univers pastoral
J'aime les nuits de la campagne

Le poète : avec leur concert de l'unau lointain

La poétesse : j'adore les nuits de pâturages

Le poète : avec leur premier et deuxième chant de coq

La poétesse : je regrette la vie des champs

Le poète : avec sa quiétude de douceur matinale

La poétesse : il faut qu'elles me reviennent ces douces et tranquilles nuits de la campagne de ma belle région de France.

Le poète : me voici nostalgique
Surpris par les premiers chants du coq et jaloux de ma dernière nuit creusée dans la pierre des totems

La poétesse : la pierre des totems !

Le poète : oui ! Tiens, regarde !
Je l'ai plié parmi mes bagages

La poétesse : que c'est beau !

Le poète : sur le couvercle des saisons
Sur la croûte des continents
Sur la cendre des âges de mon âge d'initié
Je suis né là-bas dans un kraal de terre où chantait au soir venu ma mère
N'TYANTANGA

La poétesse : mère, pourtant, je reviens là, plein de mélancolie retrouver ton image et mon bonheur d'antan ; je sens la frêle main caresser alanguie, mes yeux mouillés de pleurs qui te revoient, maman. Maintenant qu'importe pour moi d'aller par des sombres voies, quand la lumière est partie avec toi pour l'infini, tu m'as privé de la vie...

(La jeune fille entonne une douce ariette pour se remémorer de son enfance...)

Le poète : par une nuit de grand deuil, sans lune, sans étoiles, le tambour endiablé

La poétesse : le tambour endiablé !

Le poète : oui le tambour endiablé ! J'ai dansé, j'ai dansé jusqu'à l'hystérie, le rythme carnavalesque de mes colères refoulées
Que n'étiez-vous là ? Griots d'Assoumengonh ?
Tam-tam qui pleure l'Afrique sans lueur

La poétesse : tam-tam bantou

Le poète : tam-tam de guerre

La poétesse : qui annonce l'ennemi

Le poète : qui sait réunir les hommes pour la chasse

La poétesse : et qui repousse la misère et la pourchasse

Le poète : EKAMANDINGA à la résonance puissante invite à ton concert tous les dieux de la terre, des mers, des cieux. Mêle à ton spectacle la mélodie des chants d'IMBWIRI, d'ABAMBO, d'ELOMBO
Rites de mes ancêtres, Bwiti missoko, Bwiti Disoumba, le chant est mon élévation

(Chant Bwiti, chanté et dansé)

-Outrage à la tradition qui empeste
La rage des anciens est devenue peste
Oh ! Ma civilisation
Culture qui n'est plus que sépulture
Rendons un hommage à la circoncision au soir d'initiation
Mangeons le bois sacré
Le voyage est pour minuit
Et vous !
Tam-tam !
Cithare !
Arc en bouche !

Moi Banzi, sous l'œil serein du Nima, je renais par le sein du Nakombo
Belle saison qui rappelle mon enfance
Mission accomplie, oblation remplie, terre bénie
Et l'homme et l'esprit et le feu
Dans un seul corps, une seule entité, une seule flamme…
La flamme de ma culture, celle qui éclaire le sentier qui mène à mon village, mon origine…

La poétesse : beau nègre
Au regard de volcan noir
Lave qui transperce mon cœur soir
Et illumine mes sentiments vierges
Ton accent est primitif
Mais ton patois est compréhensif
De quelle histoire appartiens-tu ?

Le poète : belle blanche aux dents de colombe
Ta beauté est chacal et ton sourire létal
Je suis ton ciel de bonheur
Et le lait qui coule de tes seins est mon océan
Chante-moi mes rites et je danserai près du feu de ta culture

La poétesse : sentier de toute vie
Amour de toute envie
Sentier de tout destin
Rencontre d'un matin
Autrui c'est l'autre, lui
Comme le soleil qui luit
Sur le grand sentier
Se rencontre l'amitié
L'un, fils d'Afrique
L'autre, fille d'une France épique

Le poète : héritage de ma race
Destinée qui se trace

La poétesse : le noir a fait corps au blanc
Dans cette belle union de sang
Aime- moi, masque d'ébène, mon ange basané
J'ai besoin de ton amour pour faire fleurir mon cœur d'émotion pérenne

Le poète : ma tulipe blanche, candeur de splendeur laisse entrer en toi les rayons de mon affectivité.

Les années ont parcouru le temps
Les fleurs fanées ont vu le printemps
Le destin m'appelle sans mes amours
La solitude est mon lot de toujours
Les rêves de vie deviennent grèves
Quand mes sentiments nus s'achèvent
Oh ! Femmes, venez m'en délivrer
L'amour s'en va et je demeure givré

La poétesse : il y a des brûlures qui nous torturent
Plus que des douleurs de morsures
Aimer est un soleil de bonheur
Une musique d'émotion à toute heure
Le plaisir nous vient en satisfaction
Les désirs s'envolent sans restriction
S'émouvoir aux baiser doux volés
Se découvrir des caresses convolées

Le poète : une pensée me traverse à l'instant
Mais poursuit son chemin vers le temps
Les rêves ont peur à présent de me révéler le silence de la nuit
Alors pourquoi vivre si tout se perd dans les méandres de l'ennui
Mon regard te cherche et implore la douceur de tes lèvres languides
J'ai envi de toi, des choses qui me parlent de toi, de tes rires de guides
De ta voix qui me chante l'amour, de ta peau
De tes mots qui me font frissons dans le dos
Si mon cœur délie les chaines de ces amours de prison
Il naîtra comme ce beau couché de soleil à l'horizon
Un soupçon crépusculaire de mon inclination
Je veux redécouvrir d'autres fascinations
Un nouvel air de vie un amour de musique
Sans note sans rythme et sans acoustique
Un amour fou aux cyclones de passion
Une passion folle aux cascades d'action
Ma vision n'est pas illusion
Ma vision est décision
Si tu as perdu tes rêves confie-moi ton cœur
A deux nous seront plus forts que les rumeurs
Et notre amour comme un cerf-volant
Flottera dans les airs en se balançant
Même Dieu sourira dans sa grandeur d'âme
Quand tout ne sera que beauté et flamme

La poétesse : qui vais-je envoyer vers toi pour parler de moi
Si ce n'est moi et mon cœur qui s'expriment en émoi
Les idylles se ressemblent toutes mais n'ont pas la même histoire
Ne jamais essayer une amourette mais juste y croire
Se risquer de croire c'est se donner à corps fermé
Mais si notre corps est tributaire de notre cœur pourquoi s'enfermer
La relation n'implique pas des griefs de mésententes
Se parler simplement c'est aussi se comprendre en attente
Pleurer en sanglot sur des mains froides closes
Notre histoire se terminera en églogue et aussi en prose

Le poète : si tu le veux alors tu le peux mais fais-le
Si mon visage est fade et plat alors hais-le
Ne me dis pas que tu réfléchiras le silence ment
Et j'attendrais triste le regard comme un faux diamant
Mes mots sont sans couleur de maux mais j'ai mal
Où, je ne saurais te le dire car ma conscience est pâle
Je te laisse pour plus tard sans espérer partir
Si tu entends un grand silence c'est que je vais …mourir
Je m'en irai mourir loin de tout sermon
T'imaginer pour un autre est un phlegmon
Mais les amours se taisent au crépuscule
Et demain mes sentiments ne seront qu'opuscule

La poétesse : non attends ! Si je pouvais je le ferais, m'entends-tu ?
Mêmes mes pensées s'éloignent de ma vertu
Mon cœur aujourd'hui siège à ton âme
Car je n'ai plus d'amour que toi qui m'enflamme

(Elle s'approche du jeune homme et lui arrache un baiser brûlant.
Il lui tient la main et la pose sur sa poitrine excitée)

Le poète : dans tes yeux
Je lis l'amour
La jovialité féminine qui invite à l'affection
Je veux t'aimer plus que tout sans ombre
Dans la lumière des mes sentiments

La poétesse : dans ton regard
Timide et candide
Qui brûle de désir
Et enflamme ma faiblesse
Mon cœur fragile s'agenouille
Et baise les pieds de ton charme
Je veux t'aimer plus que plaisir
Sans le sexe qui nous extasie

Le poète : dans ton sourire
Délice d'amour
Lèvres qui me parlent
Flirte avec mon émotion belle âme
Et incite ma bouche hébétée
Je conjugue avec passion
L'immaculée sensation et je m'emporte
Je veux t'aimer plus que décision
Sans le courage qui me cristallise

La poétesse : dans ton extrême douceur
Qui rayonne sur le ciel de ton visage
Je contemple avec extase
L'astre de ta candeur
Je veux t'aimer plus que rêve
M'approcher près de tes yeux
Définir ton regard
Courtiser ton sourire
Et te dire tout bas : je t'aime…

Le poète : viens prendre possession de mon cœur
La nuit s'en ira avec toutes nos vaines rancœurs

(Il se couche pour contempler la lune en se laissant séduire par la féerie des étoiles)

(…)

-Douce nuit
Ode qui fuit
Tam-tam mystique
Présage hermétique
Silence nocturne
Vent taciturne
Oiseaux d'ombre
Lune aux rayons sombres
Écoute le souffle des morts
Chante la nuit des sorts

La poétesse : sommeil d'or noir
Rêves des contes du soir
Brûle ! Feu de bois
Hurle ! Chien, aboie
La nuit est rouge
Seul le vent bouge
Drame d'âme solitaire
Dors corps sans mystère
Écoute le souffle des morts
Chante la nuit des remords

(Chant d'espérance chanté par le poète)

Le poète : Les rêves m'ont témoigné leur vérité
Aujourd'hui je m'offre à la réalité
Les pages sombres de mes recueils
Deviennent blanches sans écueils
La voilà la France plus vrai que transe
A la grandeur d'or au sourire d'errance
Le froid m'a accueilli comme un hôte sympathique
Mon corps frêle se remémore du soleil d'Afrique
Mes yeux s'éveillent du sommeil de l'imaginaire
Le réel me dévoile au monde et m'ouvre à la terre
L'automne m'a enseigné la viduité des arbres
Et l'hiver s'est révélé sans flocons macabres
Voyageons sans pensée dans le printemps rebelle
Dans son spleen d'été au pied de la tour Eiffel
Belle France si rêve, si grande, si insatisfaite
Emporte-moi vers la seine comme un ascète
J'ai vu l'amour sur les pavés de baisers
Les visages enveloppés de tendresses aisées
Les femmes aux cheveux longs fumaient
Quand les hommes sans allures flânaient...

La poétesse : un matin aux couleurs de fleurs
Le beau printemps s'en vient sans pleur
Écoutez le chant des champs d'oiseaux
La douceur des prairies et des frêles roseaux
Il fait bon vivre loin des hourvaris des amants
La nature est belle de marguerites s'aimant
La lumière s'en va et revient en coup d'aile
Le temps s'étend dans l'espace sans zèle
S'asseoir et ne rien comprendre tout est floral
Le vent et le feuillage chantant tout est choral
Emmène-moi vers le réel, éternel parfum
La vertu est loin, le monde est comme défunt
La sérénité nous invite dans notre intérieur
Quand tout se conjugue au mal de l'extérieur
Il est tard dans nos ambitions du levant
Car le soleil est las et s'en va au couchant

Le poète : je veux une femme
Une héroïne des passades malheureuses
Qui a conquis avec fermeté
Les blessures et les affres sentimentales
Je veux une femme
Plus belle que le chant du vent en saison sèche
Plus jolie que l'eau du fleuve en saison de bruine
Un amour si jour me ravissant d'air de gaieté
Et me comblant de rosée de béatitudes

La poétesse : je veux un homme un guerrier
Sachant combattre les cyclones de la vie
Et pouvant défier les torrents dantesques
De l'existence humaine
Je veux un homme
Un parfum de vie un être au cœur clairvoyant
A l'esprit perfide aux sentiments de lapalissade
Célébrant l'union au désir d'arc-en-ciel
Chantant l'estime et le respect
Dans cet hymne d'amour et de tendresse réciproque

Le poète : je veux une femme
Une élue la reine de mes pensées
La fée qui illumine mes émotions
La déesse qui rassure et rassérène ma désolation

La poétesse : je veux un homme
Ressemblant à la couleur de mes larmes
Pour qu'il sache quand je pleure pour lui

Le poète : je veux une femme
Une fleur admirable pareille à l'hélianthe du jour
Suscitant l'humeur des hommes libres
Le plaisir et l'envie des péronnelles vierges
Comme un astre au midi des sensations immaculées
Perçant le mystère des amours enchantées

La poétesse : je veux un homme
Une âme douce tendre et délicate
Aux yeux de rivière et au regard de destin
Marchant sur l'horizon au couché de soleil vermeil

Le poète : je veux une femme
Une fée un rêve une vie un bonheur un Éden
Belle espérance mourir sur sa poitrine
Oublier le monde et fermer les yeux à jamais
Près des battements sourds de son cœur…

(Ils s'embrassent et s'ouvrent à l'amour, au bonheur présent en oubliant derrière leurs pensées les angoisses et les inconstances qui nous pèsent au quotidien…)

(Puis, entre le conteur comme un prophète semant des paroles d'amour et d'espérance…)

Le conteur : Entendez cette musique inaudible
C'est le chant de la poésie
C'est le chant de l'amour
C'est le chant de l'espoir
Quant les sentiments se meurent à jamais
Allez révéler aux incontinents
Les sensations immaculées…
La poésie est un doux voyage
Un voyage mirifique dans un monde idyllique
Voyagez !
Explorez !
Suivez la voie de vos inclinations
Le noir fait corps au blanc
Il y a des mots qui sonnent aussi forts que l'amour
Des mots comme la brise du soir qui nous susurre à l'oreille
Qui nous invite à flirter avec les angelots marins
Il y a des mots qui sonnent aussi forts que l'amour
Quand s'en vient l'instant d'enchantement
Là près de ce rocher de vie où coule l'espérance
Il a rencontré sa félicité…

FIN

Aux entichés du théâtre à l'heure où sonne la poésie du jeu…

A Pierre Claver AKENDENGUE

A Edgard MOUNDJEGOU

A Ferdinand ALLOGHO OKE

A Jean DOUCKAGA

A Dominique DOUMA

A Guy Joël TCHANGO

A Michel NDAOT

A Luc Michel NZE ANGARA

A MASSOUS MA NZIENGUI

A Christian NZIGOU

A Ulrick RECKUNGUNA

A Brice Stevens BEMBANGOYE

A Francky MAWANGOU

A Paula BENVOGHE

A Armelle NZIME

A Jennifer FOULA

A Maurice MAMBA

A Sonia DOUKEBENA

A Vidal BIYOGHO

A Hervé ZENG MENDENE

A Succulent MALWANGO MALWANGO

"AUX ENFANTS DU GABON"

…

LA COMPLAINTE DE LA VIERGE SOUILLEE

Monologue

« Plus d'Etats ont péri parce qu'on a violé les mœurs
que parce qu'on a violé les lois. »

-Montesquieu-

« Ne commencez jamais un mariage par un viol… »

Honoré de Balzac
Extrait de la physiologie du mariage

« En mélangeant un garçon rouge d'excitation
avec une fille bleue de peur vous obtenez du violé »

Régis Hauser
Extraits de les Murs se marrent

Dans une ruelle déserte, une jeune fille vient d'être violée, personne aux alentours. Personne pour lui venir en aide, seule sa voix sourde et inaudible en sanglot perce le silence de la nuit froide et ténébreuse...

-Ils m'ont violé et ont pris ma virginité
Je ne sens plus mon corps
Je ne sens plus rien en moi
Mon corps est mort et ma vie devient un remord.
Ils m'ont violé et m'ont laissé désorientée et perdue.
Qu'ai-je fait, pour mériter cette atrocité.
Regardez ce qu'ils ont fait à mon corps
Regardez ce qu'ils ont fait à ma conscience.
Je pleure sans larmes car tout en moi est à présent mort.
Je vous parle sans âme, je vous parle sans blâme tout en moi brame.
Regardez ce qu'ils m'ont fait !
Ils étaient trois comme si un seul ne suffisait pas
Pour me prendre tout ce que j'avais de plus chère à donner...
Ils étaient trois et ils ont abusé de moi.
J'ai peur de rentrer chez moi
Personne ne sait que je suis dehors.
Personne ne sait que je vis mon sort.
Que vais-je faire ?
Mon père est absent, il n'est jamais à la maison.
Ma mère, elle...
Elle m'a dit bonne nuit avant d'aller se coucher.
Et moi qui voulais sortir m'amuser.

(...)

Regardez ce qu'ils ont fait à ma vie.
Ils étaient trois et chacun avait sa violence.
Mon âme est meurtrissure et mon corps souillure.
Aidez- moi ! Enfin, ce qui reste de moi.
Je ne veux plus vivre
Je n'aurais jamais la force de me regardez sans dégueuler
Et éructer ma douleur intérieure...

(Elle sanglote de nouveau et se met à invectiver…)

Ah ! Ah ! Ah !

(Cris de désespoir et de douleur morale…)

J'entends un silence intérieur qui me parle en sourdine
Et je ressens une chaleur glaciale qui m'emporte.
Est-ce la mort qui m'invite à danser la valse des remords indifférents.
Je voudrais l'inviter à me courtiser
A flirter avec son haleine de terreur.
Ils m'ont tué et ils ont tué mes envies
Ils ont tué mes désirs de lendemains.
J'ai espéré attendre que le bonheur vienne me posséder
Comme le vent enlève à la mer sa sensualité
Et sa candeur puérile.
Mon corps chante le dégoût.
Une odeur sur mon sein entaché.
Je me tiens là sans être présente
Et nulle part ailleurs sans être absente de moi.
J'exhale l'odeur de la mort
Un vent de suicide me traverse
Que dois-je faire ? J'ai plus envie de rentrer chez moi
Et de rendre compte à mes parents.
J'ai plus envie de rentrer et de me lire sur une glace
J'aurai la nausée toute ma vie.
Une nausée noire…
Une nausée froide…
Une vomissure comme des excréments de trente années d'entéralgie.
Il fait soir dans ma tête et ma conscience est livide.
Les ombres défilent dans ma vision violée
En spectre de terreur pour condamner mon âme
Et mon corps encrassé.
Ils ont abusé de moi…

Sans écouter ma frayeur et ma grande douleur.
Ils étaient trois comme si un ne suffisait pas
Ils m'ont pris ce que j'avais de plus dispendieux.
Qu'est-ce qu'une péronnelle sans candeur à offrir à son élu ?
Un linceul entaché pour essuyer nos griefs d'idylle hâtive.
Que vais-je dire à mon amour !
Comment va-t-il réagir ?
Qu'elle sera sa pensée première ?
Je refuse de m'infliger cette douleur !
Je refuse de croire que tout sera comme avant.
Ecoutez les tambours sourds de mon cœur éclopé
Et mes larmes sans vaguelettes.
Je me sens lourde
Et ma fermeté me délaisse petit à petit...
Je veux laisser cette vie
Partir sans jamais me retourner.
Disparaitre sans espérer renaitre.
Ne me plaignez pas.
Je ne suis pas vous.
Vous n'êtes pas moi.
Je porte ma souillure et vous...
Et vous que portez-vous ?

(...)

J'ai besoin d'un peu d'eau je vous en prie
Juste un peu d'eau pour laver mon corps
Il y a trop de salissures autour de moi
Je sens comme des araignées
Qui tissent leur toile sur moi
Laissez-moi, laissez-moi !
Allez-vous-en ! Allez-vous-en !

(Elle sanglote à chaudes larmes...)

Allez-vous-en ! Allez- vous en !
Laissez-moi dans ma douleur de vierge violée éperdue.
Je voudrais m'en aller
Partir et tout laisser
Mais mes desseins me retiennent
Je voudrais m'en aller
Dire au monde ma douleur
Il fait tard dans ma conscience
Et je voudrais éteindre mon angoisse
Chasser mes peines remords
Avant de m'en aller…
A celles qui m'écoutent sans me comprendre
A celles qui me comprennent sans m'écouter
Je suis votre témoignage

(…)

Prenez mon corps allez le montrez aux autres
Je vous le donne pour attestation
Mon esprit s'en va à présent
Il vous revient de me rendre justice
Dites à mes parents
Qu'ils ont été mon premier réconfort
Dites à mes amis
Qu'ils ont assisté à ma perte
Dans ces moments d'égarement…
A vous je vous dis merci
Car vous m'aviez écouté sans rien dire…

(Elle sort une boîte de cachets dans son sac et les avale sans retenue, puis elle s'adresse à l'auditoire le regard perdu et livide)

Voici mon heure…
Tout autour de moi s'éteint
J'entends des voix en écho
Je vois à présent des images en fulgurance
Tout défile en cercle de lumière
Mais mes yeux sont obscurité
 Qui est cet étrange être qui m'appelle
Il me sourit avec un visage de foudre
Sa colère est feu…
Qui est-il ?
Il y a trop de lumière !
Ah ! Ahhhhhhhhhh !
Le feu me brule !
Aidez- moi ! Aidez- moi !

(Elle rejette les cachets ingurgités comme par enchantement)

(Un grand silence lourd envahit l'atmosphère, elle voit comme des ombres défilées… des ombres blanches comme des filaments de lumières qui viennent et s'en vont dans sa tête ulcérée.)

(Puis vint l'apaisement…)

-J'ai vu la mort
Sans lire mon sort
J'ai vu la mort
Elle me serrait très fort
J'ai vu la mort
Recouverte d'or

(…)

Vivez !
Vivez !
Vivez !
Je vous en prie
Ne laissez pas faner vos attraits
De l'autre côté
Il fait chaud
De l'autre côté
Il fait froid
De l'autre côté
On est mort et on vit la mort...

(Dans un air abasourdit...)

Ils m'ont violé et ont pris ma virginité
Ils ont abusé de moi...
Sans écouter ma frayeur et ma grande douleur.
Ils étaient trois...
Ils étaient trois...
Ils étaient trois...
Comme si un ne suffisait pas
Je ne sens plus mon corps
Je ne sens plus rien en moi
Mon corps est mort
Mais...
Je vis.

© 2010 Jannys Kombila
Edition : Books on Demand GmbH, 12/14 rond-point des Champs Elysées, 75008 Paris, France
Imprimé par : Books on Demand GmbH, Norderstedt, Allemagne
ISBN 978-2-8106-1988-7
Dépôt légal : août 2010